PRÉCIS
HISTORIQUE
SUR LA VIE ET LES OUVRAGES
DE M. PASSEMANT,
INGÉNIEUR DU ROI;

Pour servir de Supplément à l'Article qui le concerne
dans le Dictionnaire des Artistes, avec une Notice
de plusieurs Artistes anciens, omis dans cet Ouvrage,
suivie de quelques Notes sur le Supplément à la
France Littéraire ;

Par M. Sue le jeune, Ancien Prévôt du College
de Chirurgie, & Membre des Académies de
Montpellier, Rouen, Dijon, Lyon & Bordeaux.

---

*Si alienæ quoque laudes parùm æquis auribus accipi solent,
quàm difficile est obtinere ne molesta videatur oratio de se aut
de suis differentis . . . .*

PLINE le jeune, Lib. I. Ep. 8.

AMSTERDAM,

Et se trouve A PARIS,

Chez J.-Fr. BASTIEN, Libraire, rue du Petit-Lion,
Fauxbourg S. Germain.

M. DCC. LXXVIII.

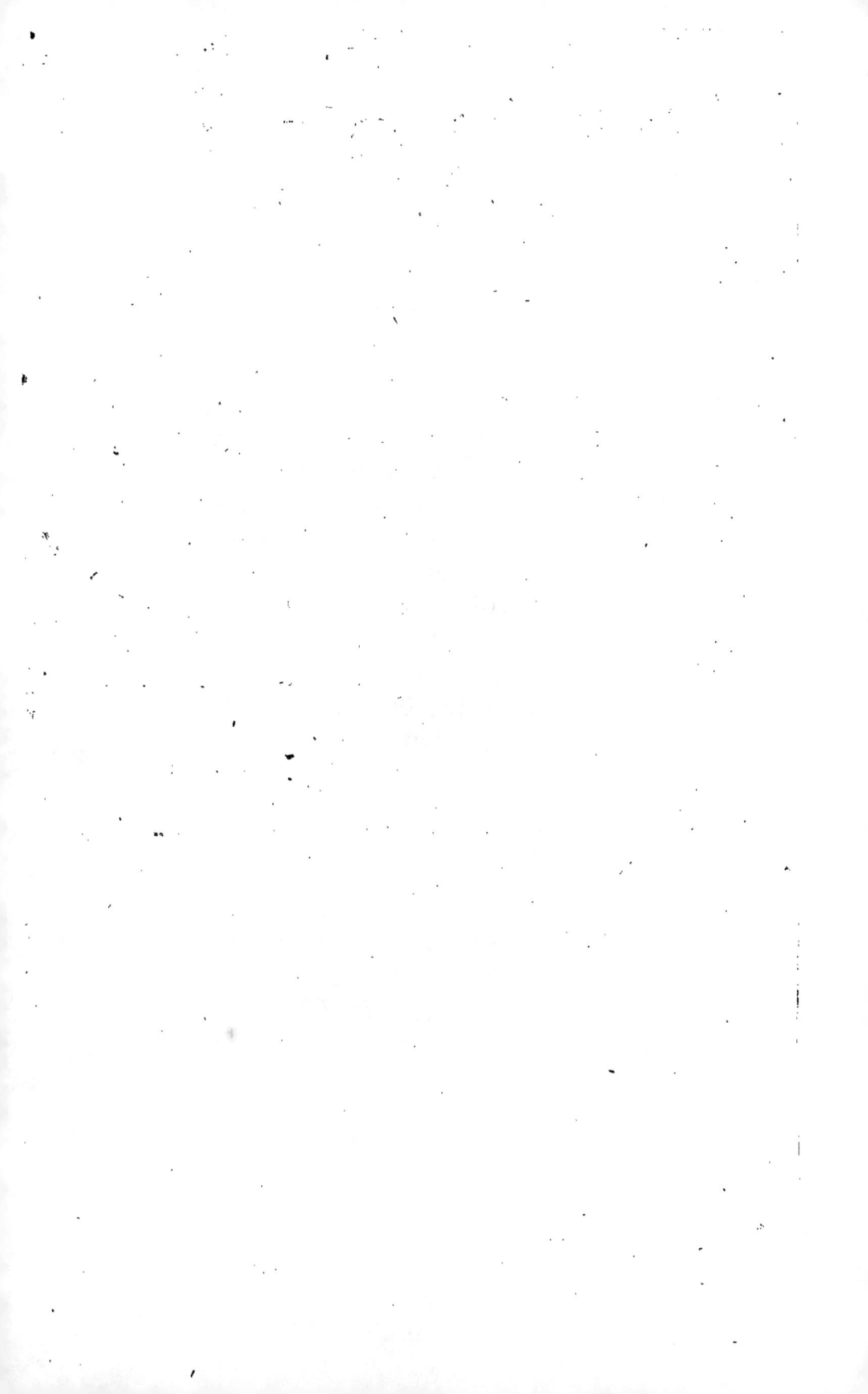

AVANT-PROPOS.

I. S'IL n'eut dépendu que de moi, il y a déjà long-temps que cet Eloge hiftorique eût été publié; les liens du fang qui m'attachoient à celui qui en eft le fujet, & encore plus, la grande réputation, fi juftement méritée, dont il a joui pendant fa vie, me faifoient un devoir de rendre à fa mémoire le tribut d'amitié & de reconnoiffance que je lui paie aujourd'hui.

Mais une défenfe d'autant plus refpectable pour moi, qu'elle partoit de ce qu'il avoit de plus cher au monde, a fufpendu mon zele, & j'aurois conftamment gardé le filence qui m'étoit impofé, fi le hafard n'eut fait tomber entre mes mains un Ouvrage intitulé: *Dictionnaire des Artiftes*, qui a paru en 1776. En le parcourant, j'y ai trouvé pag. 266 du fecond volume, un article concernant M. *Paffemant*, qui laiffe tout à defirer & fur la vie & fur les Ouvrages de ce fameux Artifte. C'eft à la lecture qu'en a faite la perfonne qui avoit liée ma langue, que je dois la per-

A ij

miſſion que j'ai enfin obtenue d'elle d'ac-
quitter une dette qui peſoit ſi fort à
mon cœur.

N'eſt-il pas étonnant que dans l'in-
tention de parler publiquement de
M. Paſſemant, on ne ſe ſoit pas direc-
tement adreſſé à ſa veuve ou à ſes enfants pour avoir des éclairciſſements &
des renſeignements ſûrs, qu'eux ſeuls
pouvoient donner? Ceux qui ont inſtruit
l'Auteur du *Dictionnaire des Artiſtes*
(*M. l'Abbé de Fontenai*) auroient dû
& même auroient pu l'inſtruire autre-
ment. Ne lui faiſons donc pas le reproche d'avoir mal bâti, lorſque les
matériaux qu'on lui a fournis, ne conve-
noient pas à la nature de l'édifice qu'il
a élevé.

C'eſt donc pour rectifier l'article dont
eſt queſtion, que je publie ce Précis
hiſtorique. Tant de perſonnes ont vécu
avec M. Paſſemant; il étoit lié avec un
ſi grand nombre de Savants & de Gens
de Lettres, que le Public verra, je
crois, avec plaiſir, ce petit Ouvrage,
dont la ſimplicité fait le principal mérite, & dont la baſe eſt la vérité même.
Ni la piété filiale, ni le reſpect dû à la

mémoire d'un génie dont la mort a été une vraie perte pour les Arts, n'ont fasciné mes yeux : j'ai rendu publics des vertus & des talents qu'il possédoit à un degré éminent : j'en appelle à témoins ceux qui l'ont connu, & je ne crains pas qu'aucun me démente sur tout ce que je vais dire.

II. Je me suis apperçu, en lisant l'Ouvrage de *M. l'Abbé de Fontenai*, que cet Auteur avoit omis beaucoup d'Artistes, sur-tout parmi les Anciens : il ne m'a fallu, pour m'en assurer, que consulter d'autres Ouvrages. J'ai entrepris de réparer en partie ces omissions, & je donnerai en conséquence, à la suite de cet Eloge, la nomenclature de plusieurs Artistes célebres chez les Anciens, omis dans le *Dictionnaire des Artistes*, avec un détail succinct de leurs principaux Ouvrages, & des Additions sur quelques-uns de ceux dont l'Auteur a parlé. J'ai trop bonne opinion du mérite & de la modestie de *M. l'Abbé de Fontenai*, pour croire qu'il ne me sache pas gré de la peine que je me suis donnée. Ce sont là de ces services que se doivent rendre réciproquement les

A iij

Gens de Lettres, fans humeur, fans critique & fans partialité, mais feulement pour l'intérêt de la vérité & le progrès des connoiffances. Malheur à celui qui écriroit dans d'autres vues, & qui s'appefantiffant fur les fautes d'un Auteur, fe feroit un mérite de briller à fes dépens! Eft-ce donc être grand, que de l'être par la petiteffe des autres?

III. Si j'euffe parlé de tous les Ouvrages & de tous les Auteurs, en Chirurgie feulement, omis tant dans *la France Littéraire*, publiée en 1769, que dans le Supplément qui vient de paroître, les Notes qu'on lira à la fin de cette brochure, euffent été & plus étendues & plus multipliées; il feroit peut-être injufte d'accufer de toutes ces omiffions le Rédacteur de cet Ouvrage, puifque la plupart n'auroient probablement pas eu lieu, fi les Auteurs fe fuffent rendus aux invitations publiques qui leur ont été faites d'envoyer eux-mêmes au Libraire leurs Articles.

PRÉCIS

HISTORIQUE

Sur la Vie & les Ouvrages de M. PASSEMANT,
Ingénieur du Roi.

CLAUDE-SIMÉON PASSEMANT naquit à Paris en 1702. Son pere jouiſſoit, dans l'état honnête qu'il avoit embraſſé, d'une eſtime & d'une conſidération, qui étoient le fruit d'une probité à toute épreuve. Comme il avoit des connoiſſances bien au-deſſus de ſon état, loin de ſe borner aux ſoins phyſiques capables d'aſſurer la vie de ſon fils, il s'atta-cha également à lui former le cœur, & à lui donner une éducation qui le mît à même de briller dans la Société par des talents que la culture de l'eſprit développe, & que celle des Lettres perfectionne.

M. Paſſemant, fils unique, jouit de tous les avantages qui y ſont attachés. Il fit ſes pre-

A iv

mieres études au College Mazarin, & il les fit
avec beaucoup de fuccès (1). Une grande dif-
pofition pour les Sciences, un efprit vif & net
joint à une conception aifée, qui le difpenfoit
en quelque forte de cette application labo-
rieufe fi néceffaire à tant d'autres, lui firent
parcourir, avec une rapidité étonnante & prefque fans effort, cette carriere fans doute trop
longue des études fcholaftiques. Jamais enfant
ne juftifia mieux ce que dit fi bien *Fontenelle*,
que rien ne donne une meilleure éducation
qu'une petite fortune, pourvu qu'elle foit aidée
de quelque talent, parce que la force de l'in-
clination, le befoin de parvenir, le peu de
fecours même, aiguifent le defir & l'induftrie, &
mettent en œuvre tout ce qui eft en nous.

Quoique le jeune Paffemant n'eût pas befoin
de ces aiguillons fortuits, on peut, fans bleffer
fa gloire, les faire entrer pour quelque chofe dans
l'ardeur qu'il apporta à remplir des devoirs
qu'il fentoit bien n'être pas proportionnés à fes
facultés; ce qui eft d'autant plus vrai, que dès
ce temps-là même, c'eft-à-dire, dans le cours
de fes humanités, il commença déjà à jeter les
fondements folides de cette grande réputation
qu'il s'eft acquife par la fuite dans la Phyfique.
On fera peut-être étonné d'apprendre que dans
ce même temps, il ébaucha fes calculs pour

_____

(1) On ne peut en donner de meilleure preuve, que
les différents Prix qu'il a remportés dans fes claffes.
On obfervera qu'alors les Prix de l'Univerfité
n'étoient pas encore fondés.

la perfection de cette fameufe pendule à fphere qui eft à Verfailles.

C'étoit fur une aurore auffi brillante que le pere de M. Paffemant fondoit avec raifon fes plus douces efpérances pour l'avenir ; mais il ne fut pas affez heureux pour voir combien la maturité des fruits répondit à la promptitude des fleurs : il mourut avant que l'éducation de fon fils fût entiérement achevée. Cette perte affligea vivement l'ame fenfible de M. Paffemant ; elle repandit, fur des jours jufqu'alors fereins, une amertume & un chagrin que le temps feul & les foins d'une mere, auffi recommandable par fes vertus que par la douceur de fon caractere, vinrent à bout de diffiper.

J'ai dit plus haut que dès l'âge le plus tendre M. Paffemant montra un goût particulier pour les hautes Sciences, & fur-tout pour l'Aftronomie. Il lui fuffifoit en effet qu'un livre traitât des parties qu'embraffe la Phyfique, pour qu'il en fît fa lecture favorite. Il falloit que la prédilection pour ces fortes d'ouvrages fût en lui bien déterminée & bien forte, pour qu'il ait choifi de préférence, après une maladie grave qu'il eut vers l'âge de quatorze ans, un livre d'Aftronomie plutôt qu'un livre d'Hiftoire ou d'amufement, dans le befoin où il étoit, pendant une convalefcence un peu longue, de fe défennuyer. Il fe mit donc à lire l'Ouvrage de *Bion*, intitulé : *l'Ufage des Globes célefte & terreftre*, *&c.* le fruit qu'il retira de cette lecture fut la conftruction d'une fphere affez exacte qu'il acheva en très-peu de temps.

tant il eſt vrai que lorſque les doigts n'agiſ-
ſent que dirigés par une intelligence ſupérieu-
rement organiſée, il n'y a rien dont leur adreſſe
& leur ſoupleſſe ne viennent aiſément à bout.

Cependant ces occupations qui étoient ſi
fort du goût de M. Paſſemant, ne paroiſſoient
pas à ſa mere aſſez ſolides, & avoir un but
aſſez utile pour qu'il dût s'y livrer entiérement
& excluſivement à tout autre travail. Elle lui
propoſa en conſéquence le parti du Barreau.
Quelqu'éloignement qu'il eût pour cet état,
dont les formes ſont ſouvent plus onéreuſes
que le fonds même ; comme il n'avoit de volonté que celle de ſa mere, il ſe rendit à ſes
exhortations, & entra d'abord chez un Procureur. Qu'on ſe peigne la ſituation d'un jeune
homme plus habile à manier le compas d'*Uranie*
que la plume fertile de *Thémis* ; plus familier
avec les éléments d'*Euclide* qu'avec les commentaires de *Barthole* ou de *Cujas* ; plus ha-
bitué enfin à examiner les Aſtres, à calculer
leurs cours, meſurer leurs globes & la durée
de leurs périodes, qu'à déchiffrer des caracteres
preſque gothiques, qu'à équivoquer ſur des
mots pour interpréter des Loix, dont la variété
fatigante & l'obſcurité ſouvent impénétrable
préſentent preſqu'à chaque pas des obſtacles à
vaincre, des difficultés à éclaircir : on pourra
alors ſe former une idée juſte de ce qu'il en
a dû coûter à M. Paſſemant pour ſe livrer à
des occupations ſi différentes de celles auxquelles
il avoit juſqu'alors & a depuis conſacré ſes
recherches & ſes veilles.

Telle a fans doute été la raifon pour laquelle
il ne fit pas un long féjour chez fon Procureur;
mais le peu de temps qu'il y eft refté a fuffi pour
lui infpirer pendant toute fa vie une horreur in-
vincible pour tout ce qu'on appelle *affaires,*
civiles, affaires de droit, procédure &c.

M. Paffemant rendu à lui-même, & preffé
par fa mere, qui infiftoit toujours pour qu'il
chosît un état fixe, & qui lui donnât un rang
dans la Société, fe détermina à prendre celui
du Commerce, & entra en conféquence chez
un Marchand de drap. Si quelque chofe eut été
capable de le dégoûter de ce nouvel état, c'eût
été fans doute l'oifiveté & le défaut d'occupations qui en font quelquefois inféparables; mais
comme M. Paffemant favoit fi bien employer fon
temps qu'il ne lui en reftoit jamais d'inutile, il
confacroit à fes études favorites, c'eft-à-dire, à
tout ce qui avoit pour objet l'Optique & l'Aftronomie, les moments vuides que lui laiffoient
les affaires du Commerce. On étoit fûr de le
trouver, dans ces moments de liberté, occupé à
faire des calculs, à tracer des lignes, à former
des plans, dont fes camarades, bien éloignés
d'en foupçonner le mérite, faifoient le fujet
de leurs plaifanteries, mais qui furent les premiers rudiments de fes grandes & nombreufes
découvertes.

Il s'en falloit pourtant bien qu'il attachât aucune prétention à ces occupations paffageres,
qu'il appelloit même *fes délaffemens.* Il s'y livra
avec plus d'ardeur, lorfque des circonftances
particulieres, dont nous parlerons bientôt, l'eu-

rent rendu tout à-fait maître de son temps. Alors ses travaux acquirent malgré lui de la célébrité, & attirerent chez lui des Connoisseurs, des Gens de mérite de tout état qui lui furent par la suite d'un grand secours. Les premiers Savants dont il fit connoissance, furent MM. *Cassini* & *Julien Leroy*. Ces deux Savants étonnés de trouver, dans un jeune homme de vingt-cinq ans ou environ, des talents qui pour l'ordinaire ne font que le fruit d'une expérience longue & tardive, se firent un plaisir, sur-tout le premier, de l'aider tant de leurs conseils que de leur crédit auprès des Grands. Car, il faut en convenir, il est certain que l'homme à talents resteroit long-temps inconnu au milieu des chef-d'œuvres de son invention, témoins muets de son génie, si des personnes, zélées pour les progrès des Arts, ne s'empressoient de le tirer de l'oubli où il languit, & ne procuroient à l'Artiste, souvent trop modeste pour publier lui-même ses découvertes, des protecteurs puissants & éclairés qui forcent, pour ainsi dire, le Public de rendre à la fécondité & à la supériorité du génie inventif, le tribut d'éloges & d'admiration qui lui est si légitimement dû.

Puis donc qu'il est nécessaire qu'il y ait dans la Société de ce qu'on appelle assez improprement des *prôneurs*, (1) puisqu'il s'en trouve

_____

(1) C'est dans ce sens que Pline dit si bien, *Ep.* 23, *Lib.* 6 : *Neque enim cuiquam tam clarum statim ingenium est, ut possit emergere, nisi materia illi, occasio, fautor etiam atque commendator contingat.* Quel est le génie assez supérieur, assez éminent même dans la claſſe d'hommes la plus libre, je veux dire, celle des Gens de Lettres, pourquoi M. Paſſemant n'en auroit-il pas eu comme les autres ? Pourquoi ſes amis n'auroient-ils pas rendu publics des talents que, bien-loin de chercher à divulguer, il ſembloit ignorer lui-même, & concentroit dans ſa famille, & un petit nombre de perſonnes choiſies auxquelles il faiſoit part de ſes expériences & de leurs réſultats ?

Après l'eſtime de MM. *Caſſini* & *Leroy*, M. Paſſemant eut bientôt celle de preſque tous les Savants de l'Académie Royale des Sciences, & même de pluſieurs Grands. Il étoit déjà très-connu pour les inſtruments d'Optique & d'Aſtronomie. Ceux qui l'honoroient de leurs viſites étoient déjà en grand nombre ; & il ſongeoit à ſe conſacrer uniquement aux travaux phyſiques, lorſque la mort de ſa mere le plongea dans une triſteſſe qui ſembla avoir ſuſpendu toutes les forces de ſon imagination, & arrêté les reſſorts puiſſants qui en étoient l'ame & le principe.

Entiérement livré alors à lui-même, hors d'état de veiller ſur ſes propres intérêts, qui lui ont toujours été plus indifférents que ceux des autres, jouiſſant ſeulement de la ſociété paſſagere de quelques amis, que des occupations particulieres lui enlevoient trop ſouvent, il ſe vit

pour pouvoir s'élever de lui-même & ſeul, s'il ne rencontre un ſujet, une occáſion, un protecteur, & même un prôneur ?

forcé de prendre un parti qui, en le ramenant
dans le monde qu'il fembloit avoir oublié, chaffa,
par la diverfité de fes occupations, de fon efprit & de fon cœur, une efpece de taciturnité à
laquelle il fe livroit fouvent, qui, chez d'autres,
auroit pu être confidérée comme l'effet d'une
mélancolie fombre, mais qui, chez M. Paffemant, n'étoit certainement occafionnée que par
le fujet de fes profondes & continuelles médi-
tations, pour trouver le réfultat jufte de fes calculs & de fes combinaifons. Le parti qu'il prit
donc, ce fut celui d'embraffer un état honnête,
qui lui affurât un rang dans la Société. Ce fut
dans ces vues qu'il fe fit recevoir Marchand
Mercier, & non *Boutonnier*, comme on l'a
imprimé, & qu'il forma un établiffement dans
un des quartiers le plus frequenté de la Capitale.

Mais M. Paffemant fentoit bien par lui-
même que, quelqu'état qu'il embrafsât, quelque réfolution qu'il prît de s'y adonner uniquement, fes hautes fpéculations le diftrairoient
toujours & l'empêcheroient de bien remplir
des fonctions qui demandent encore plus d'acti-
vité que de bonne volonté : c'eft ce qui le
porta à s'affocier une compagne, afin qu'elle
veillât pour lui aux détails fatigants d'un
commerce qui languit & s'anéantit, lorfqu'on
n'y apporte pas cette vigilance, ces attentions
fcrupuleufes, minutieufes même, fi l'on veut,
dont la patience feule d'une femme vient à
bout. M. Paffemant né d'ailleurs naturellement
très-fenfible aux moindres maux, avoit befoin
plus qu'un autre de quelqu'un qui fût les adoucir

en les partageant avec lui. Il lui falloit donc
une épouse qui, par la douceur de son caractere,
par ses assiduités & par la vigilance de ses
soins, le déchargeât de tout embarras domes-
tique, auxquels il n'entendoit absolument rien,
& des détails épineux & si souvent fastidieux
du ménage. C'est ce qu'il trouva dans *Marie-
Louise Ollivier*, avec laquelle il contracta, à l'âge
de trente & un ans, une union qui a été un vrai
modele en son genre (1).

Cinq ans après son mariage, M. Passemant
publia un Ouvrage auquel il y avoit déjà
long-temps qu'il travailloit, & qui lui a fait le
plus grand honneur. Cet Ouvrage, dont la lecture annonce dans l'Auteur des connoissances
profondes de la Physique, jointes à un jugement sain & à des notions nettes & précises
sur la Littérature, a paru en 1738, & non en
1737, comme l'a dit M. *l'Abbé de Fontenai*,
qui, à en juger par la maniere dont il en
parle, ne l'a jamais lu ni même vu. Il est intitulé, non pas *Traité sur les Télescopes*, ainsi
qu'il l'a écrit dans son Dictionnaire, mais *Construction d'un Télescope de réflexion, de seize pouces
jusqu'à six pieds & demi, ce dernier faisant l'effet
d'une lunette de cent cinquante pieds, avec la
composition de la matiere des miroirs, & la ma-*

_____

(1) Cette digne épouse vit pour la consolation de
ses enfants. Louis XV a bien voulu, après la mort
de son mari, lui conserver le même logement qu'il
occupoit au Louvre, auquel il a généreusement ajouté
cent écus de pension.

niere de les polir & de les monter. On y a joint
un Traité de l'Art de faire facilement les grands
verres objectifs, les oculaires & des lentilles de
différents foyers, avec la construction des lunettes
& des microscopes, & leurs principaux usages :
Ouvrage utile aux Artistes qui voudront s'appli-
quer à cet Art nouveau, & aux Curieux qui sou-
haiteront se construire eux-mêmes un Télescope.
Vol. in-4°. avec figures ; à Paris, chez Philippe-
Nicolas Lottin, Imprimeur-Libraire, &c. 1738.

Ce titre seul suffit pour faire connoître toute
l'utilité de cet Ouvrage : aussi a-t-il été aussi-
tôt enlevé que publié, & il est devenu si rare,
qu'il n'y a guere qu'à la Bibliotheque du Roi
où on le trouve. L'Imprimeur sollicitoit souvent
M. Passemant d'en permettre une seconde
Edition avec son nom à la tête, qui n'est pas
à la premiere (1); mais il éludoit toujours,
sous prétexte qu'il vouloit y faire des correc-

---

(1) M. Passemant avoit absolument voulu garder
le voile de l'anonyme, & avoit défendu à l'Imprimeur de le nommer, sous quelque prétexte que ce
fût, ce qui donna lieu à l'anecdote suivante. Le
fameux Pere *Castel* n'eut pas plutôt lu cet Ouvrage,
qu'il voulut exiger du Libraire qu'il lui fît faire
connoissance avec l'Auteur. Ce ne fut qu'après bien
des démarches & une espece de violence qu'il fallut
faire à la modestie de M. Passemant, qu'il consentit
enfin à recevoir, comme Auteur, la visite du Pere
Castel ; ce Savant lui fut par la suite de la plus grande
utilité, tant par les personnes de tout état dont il
lui procura la connoissance en France & chez l'Etran-
ger, que par les sages avis qu'il lui donna dans
plusieurs circonstances.

tions

tions & des additions. Il est certain que ses connoissances acquises depuis 1738, le mettoient bien à même de donner de son Ouvrage une Edition & plus ample & plus savante; mais soit le grand nombre de ses occupations, soit, ce que je croirois plus vraisemblable d'après son caractere, une espece d'indifférence pour tout ce qui pouvoit lui être utile & profitable (1), cette Edition si desirée du Public n'a pas eu lieu, & M. Passemant est mort sans même y avoir travaillé (2).

Pour donner à nos Lecteurs une idée de cet opuscule, nous allons transcrire ici une partie de l'avertissement qui est à la tête. On verra jusqu'où s'étendoient les vues de M. Passemant, & combien il est à regretter qu'il n'ait pas pris sur lui de revoir un Ouvrage que les Savants les plus distingués de l'Europe ont regardé comme le seul Traité bien raisonné sur les Télescopes, Microscopes, &c. qui eût été composé jusqu'alors.

« L'empressement que le Public (c'est l'Au-

_____

(1) On conviendra que c'est un trait de modestie & d'indifférence pour ses productions presqu'unique, que de ne pas conserver un seul exemplaire d'un Ouvrage qu'on a fait imprimer : c'est cependant un exemple qu'a donné M. de Passemant, & il y avoit déjà plusieurs années, lors de sa mort, qu'il ne lui restoit pas un seul exemplaire de son *Traité des Télescopes*

(2) J'ai appris depuis qu'il y avoit eu à Avignon une contrefaction de cet Ouvrage, laquelle est aussi devenue très-rare.

B

teur qui parle) a témoigné depuis peu pour
» les Télescopes ou Lunettes de réflexion, m'en-
» gage à donner ce Traité de leur construction.
» Je me flatte que cet écrit sera d'autant
» mieux reçu, que c'est le premier Ouvrage
» complet qui ait encore paru dans ce genre,
» & que cette matiere, quoique nouvelle, y
» est cependant traitée, de maniere à rendre
» les Télescopes aussi faciles à construire,
» que jusqu'à présent ils avoient paru diffi-
» ciles ».

« Vers le commencement du siecle passé, sui-
» vant l'opinion la plus commune, les lunettes
» furent inventées, &c. ». L'Auteur fait ici un tableau suivi & érudit des différentes découvertes
relatives aux lunettes, jusqu'à celle inventée par
Newton, & donne la composition d'un Télescope de seize pouces de longueur, faisant
l'effet d'une lunette de huit pieds : ensuite il re-
prend, & dit : « mais comme il y a peu de
» personnes qui y réussissent, & que l'intérêt
» particulier leur fait cacher leur secret, j'ai
» cru, en publiant un Art si merveilleux, rendre
» à ma Patrie un service d'autant plus grand,
» qu'outre la satisfaction qu'on tire de cette
» découverte, soit en parcourant en quelques
» moments les divers objets qui couvrent une
» vaste campagne, soit en observant les corps
» célestes qui roulent sur nos têtes avec tant
» d'harmonie, & dont les vicissitudes sont si
» admirables ; la navigation, qui intéresse tout
» le monde, en doit retirer un grand avantage
» par la facilité avec laquelle un Pilote expé-

» rimenté peut fe fervir du Télefcope pour
» découvrir les écueils , éviter la rencontre
» des vaiffeaux ennemis , & fur-tout pour ob-
» ferver fur mer les éclipfes des fatellites de
» Jupiter, prefqu'auffi facilement que fur terre».
Après une defcription fommairement faite des
avantages & de l'utilité de cet inftrument,
pour l'Aftronomie & la Géographie, M. Paffemant ajoute : « mais à quoi bon m'amufer à
» parler des avantages des Télefcopes? il s'agit
» bien moins ici de les louer , que de la maniere
» de les bien conftruire. Voici donc quel eft le
» plan de cet Ouvrage, &c. &c. ».

Il eft aifé de voir par ce qu'on vient de lire
que l'intérêt public feul a conduit la plume de
M. Paffemant : il étoit indigné que des Artiftes
mus uniquement par l'appâs du gain, fiffent
un fecret de leur Art. Il a divulgué ce fecret,
& par cette publication, ne mérite-t-il pas autant les hommages & la reconnoiffance de fes
Compatriotes, que celui qui, poffeffeur d'un
remede inconnu jufqu'alors pour une maladie,
auroit la générofité d'en donner au Public la
compofition, facrifiant ainfi fon propre intérêt
à l'utilité publique? S'il y avoit quelque différence à établir dans l'action généreufe de l'un
& de l'autre, elle naîtroit feulement de ce que
l'honneur & la nobleffe de fa profeffion font
un devoir à l'homme de l'Art de rendre publique fa découverte, au lieu que jufqu'ici il n'eft
pas encore décidé que l'Artifte doive à fa Patrie
le facrifice du profit qu'il peut retirer d'une invention dont lui feul eft l'Auteur.

B ij

On ne peut donc difconvenir que M. Paſſemant, par la publication de ſon Traité des
Téléſcopes, Microſcopes, &c. n'ait rendu à
la Phyſique un ſervice eſſentiel. Il a au moins
ouvert une voie, donné un exemple, qui depuis
lui a été ſuivi par pluſieurs Artiſtes, tels que
MM. le Paute, Roubaud, Perret, &c. Nombre
d'années après la publication de l'Ouvrage dont
nous venons de parler, M. Paſſemant fit imprimer un petit Livre intitulé: *Deſcription &*
Uſage des Téléſcopes, Microſcopes, Ouvrages
& Inventions de Paſſeman, Ingénieur du Roi,
au Louvre, à Paris. Cet opuſcule étoit principalement deſtiné à être diſtribué à ceux qui
inſtruits par la renommée des différents travaux
de cet habile Artiſte, vouloient en prendre une
connoiſſance plus exacte, & il le compoſa dans
cette vue ſeule. Une ſeconde Edition a paru
depuis ſa mort avec des augmentations, & a
été donnée par MM. *Ollivier & Nicolet*, ſes
Eleves, qui continuent au Louvre le même
Etabliſſement qu'il avoit formé. Ils ont hérité
de ſes talens, & le Public, ſatisfait de l'atten-
tion & de l'habileté qu'ils apportent à exécuter & même à perfectionner les Ouvrages de
M. *Paſſemant*, les en récompenſe par l'empreſ-
ſement qu'il témoigne pour ſe procurer ces
Ouvrages.

C'eſt ici le lieu de faire connoître au Public,
au moins ſuccinctement, les différentes découvertes & inventions de M. Paſſemant. L'épo-
que de ſa vie la plus intéreſſante, & celle qui
jeta les premiers fondements de la grande ré-

putation dont il a joui; c'eſt celle où il eut l'honneur de préſenter (en 1749) à Louis XV, une Pendule aſtronomique, couronnée d'une ſphere mouvante, qui eſt placée dans un des grands appartements de Verſailles. Nous apprenons par les Mémoires de l'Académie Royale des Sciences de cette année, page 183 de l'Hiſtoire, que les révolutions des planetes y ſont ſi préciſes, qu'on ne trouveroit pas en trois mille ans, un ſeul degré de différence avec les Tables aſtronomiques. Le Roi en fut ſi content, qu'il gratifia l'Auteur d'une penſion de mille livres, & lui accorda un logement au Louvre : il lui commanda en même temps une paréille Pendule pour le Roi d'Eſpagne; mais des circonſtances particulieres empêcherent l'exécution de cet ordre.

La même année M. Paſſemant en fit une pour le Grand - Seigneur, propre à être miſe ſur un bureau; au-bas, d'un côté, étoit un cadran où il y avoit un ſoleil de diamants, qui ſe levoit & ſe couchoit réguliérement, & de l'autre côté, étoit repréſentée une lune avec un globe, dont la moitié éclairée, étoit couverte de diamants blancs , & l'autre moitié obſcure de diamants bleus.

Cinq ans après , en 1754, M. Paſſemant en fit exécuter une autre ſinguliere d'environ cinq pieds de haut, qui repréſentoit les différents inſtants de la création, réunis ſous un même point de vue, & qui étoit pour le Roi de Golconde. Il ſeroit trop long d'en donner ici la deſcription : on peut la lire dans l'opuſcule dont nous avons parlé plus haut. Nous dirons seulement que le Roi ayant voulu voir cette Pendule elle fut transportée à Trianon où étoit alors Sa Majesté, & vue de toute la Cour, qui en témoigna sa satisfaction à l'Auteur dans les termes les plus flatteurs (1). C'étoit un présent que destinoit M. *Dupleix*, au Roi de Golconde, avec lequel il étoit très-lié. Elle fut même embarquée pour sa destination : mais des troubles survenus & d'autres raisons firent qu'elle fut renvoyée à Paris, & achetée à la vente de M. Dupleix, par M. de *Bacquencourt*, son neveu, chez qui elle est maintenant, rue Bergere.

En 1751, M. Passemant présenta au Roi, pour le Château de Bellevue, un Télescope de trente-deux pouces.

---

(1) Cette Pendule nous donne occasion de citer un nouveau trait de la bonté & de l'humanité de Louis XV, pour ajouter à ceux que nous avons déjà rapportés de ce Prince dans l'Eloge que nous en avons publié en 1774. Le grand froid qu'il fit ce jour-là & d'autres circonstances firent que la Pendule n'arriva que très tard à Trianon. M. Passemant étoit au souper du Roi, qui lui demandr si la Pendule étoit arrivée. *Pas encore, Sire*, répondit-il. Sur cela le Roi dit en s'adressant au Concierge : *sans doute que M. Passemant couche ici : je ne veux pas que du temps qu'il fait, il retourne à Versailles.* Nos neveux en lisant ce trait, ainsi que plusieurs autres semblables, qui peignent l'ame bienfaisante de Louis XV, ne nous accuseront sûrement pas de lui avoir donné par flatterie le titre de Bien-Aimé, qu'il a obtenu même de son vivant.

En 1755, il en préfenta à Sa Majefté un autre, le premier de cette efpece, de quatre pouces de longueur, & placé dans un bec à corbin, monté fur une canne, avec trois cartouches repréfentants d'un côté, celui du milieu un globe terreftre, autour duquel des perfonnes étudient; celui de devant, un vieillard qui dreffe une carte de Géographie; & celui de derriere, un Géometre qui tire des lignes. Il y a de même, de l'autre côté, trois cartouches repréfentants, celui du milieu une fphere tellement en relief, que les cercles femblent détachés & la terre au milieu, avec plufieurs perfonnes occupées à l'examiner; celui de devant, un Aftronome qui prend la hauteur du foleil, avec un quart de cercle; & celui de derriere, un Philofophe qui démontre aux affiftants fur un planifphere, les routes des planetes.

La même année M. Paffemant fit pour le Roi une boîte d'optique, pour être placée fur une table garnie d'un deffert, & une chambre obfcure particuliere, à laquelle il ajouta un fecond & un troifieme ajuftement, qui repréfentoit au tiers un portrait de grandeur naturelle, en forte qu'on pouvoit deffiner plufieurs perfonnes fur un même tableau.

Ce fut encore la même année qu'il préfenta au Roi le premier barometre de douze pieds de hauteur, qui eût encore été fait. Tandis que le barometre fimple parcourt deux pouces du beau temps au mauvais, celui-ci fait plus de dix pieds de chemin. Les premiers jours qu'il fut placé à Choify, le Roi le vit varier du foir au matin, de cinq pieds de hauteur. Sa fenfibilité eft fi grande, qu'on le voit, lors des grandes pluies ou des grands vents, monter & defcendre plufieurs pouces en quelques minutes. A chaque coup de vent, il arrête & defcend en un inftant de plufieurs lignes. Mais en 1759, M. Paffemant fit plus : il imagina un barometre de dix - huit pouces de hauteur, dont le tuyau formé en zigzag, parcouroit fix pieds de chemin du beau au mauvais temps. Il affuroit pouvoir rendre un barometre environ quinze cents fois plus fenfible que le barometre ordinaire. *Pour une ligne*, difoit - il, *je foutiens qu'on peut avoir neuf pieds de chemin.* Le même jour il fit au Roi la defcription du barometre qu'il avoit rendu propre pour la mer, en ôtant, par un moyen des plus fimples, la variation continuelle dans laquelle eft fur un vaiffeau la colonne de Mercure.

En 1757 il préfenta au Roi une machine parallactique, montée en cuivre, fur une boîte de forme triangulaire, où étoit renfermé un mouvement qui faifoit tourner un télefcope garni d'un micrometre. Cet inftrument fuivoit le Ciel toute la nuit, & on pouvoit ralentir ou accélérer fon mouvement, fuivant celui de la planete qu'on obfervoit. Cette piece eft dans le Cabinet du Château de la Muette.

Cette même année, il préfenta au Roi un grand miroir ardent de glace, de quarante-cinq pouces de diametre, qui fait un fi grand effet, qu'un morceau d'argent placé au foyer, eſt fondu en trois ſecondes. La matiere fondue tombe de ſept pieds de hauteur dans un vaſe d'eau, & s'étend dans l'eau comme une toile d'araignée. Sa chaleur eſt ſi grande, que ni l'air, ni l'eau ne peuvent la mettre en grenailles, &c. &c.

Le 12 Août 1759 M. Paſſemant préſenta à S. M. un Téleſcope de vingt-deux pouces de long, dont le miroir a plus de trois pouces de diametre. La combinaiſon des miroirs avec les verres eſt telle, qu'on peut ſe ſervir de ce Téleſcope à la main, ainſi que l'a éprouvé le Roi, auſſi facilement que d'une lunette de trois pieds & demi de longueur. *M. le Maréchal de Conflans*, commandant l'eſcadre de *Breſt*, après avoir fait des comparaiſons avec les lunettes de mer, a été ſi content de ſon effet, qu'il a voulu le faire voir au Miniſtre de la Marine, & en avoir ſur ſon eſcadre, ainſi que M. *Bigot de Morogues*, Capitaine des vaiſſeaux du Roi, & le Capitaine *Thurot*. Le même jour, l'Auteur préſenta au Roi un autre Téleſcope de huit pouces, ayant un très-grand champ.

Cette même année il finit pour *M. le Marquis de Marigny*, deux globes, l'un céleſte, & l'autre terreſtre, d'un pied & demi de diametre chacun, qu'il rendit mouvants par une méchanique ſinguliere de ſon invention, renfermée & cachée. Ces globes tournent ſur eux-mêmes; l'un, le céleſte, en vingt-trois heures, cinquante-ſix minutes, quatre ſecondes; l'autre, le terreſtre, en vingt-quatre heures. Ils n'ont befoin d'être montés que toutes les femaines. Depuis que M. le Marquis de Marigny les a préfentés au Roi, ils font dans le Cabinet du Château de la Muette.

M. Paffemant a beaucoup perfectionné l'Horlogerie. On en a déjà eu la preuve dans les trois Pendules de fon invention, dont nous avons parlé plus haut. Il en a fait une à équation en 1760, qui va un an avec fept livres & demi de poids. Mais c'eft fur-tout dans la compofition des montres à équation que brilla fon génie. Les fiennes eurent l'agrément d'avoir le temps vrai & moyen. Il fit auffi des montres à répétition dans lefquelles il eft parvenu, par un arrangement particulier des pieces de la cadrature de la montre, à les mettre à découvert & fenfibles à la vue. Il eut l'honneur de préfenter au Roi la premiere, le 28 Mai 1760, & fon Journal porte que Sa Majefté depuis ce temps en a toujours été très-fatisfaite (1).

Le 4 Mai 1761, il préfenta au Roi une

(1) M. *le Paute*, qui jouit à Paris d'une réputation juftement méritée dans l'Horlogerie, a publié en 1755, un Traité fur cet Art, où il fait mention pag. 215, chap. XVI, de cette invention de M. Paffemant: *Cette cadrature*, dit-il, *eft la plus fimple que l'on ait vue jufqu'ici, & en même temps la plus commode. Elle donne le temps vrai & le temps moyen par le centre; & comme il y a deux aiguilles de minute, pour marquer l'une le temps vrai, & l'autre le temps moyen, il fuffit de mettre à l'heure la premiere, pour que la feconde y foit auffi.* Comme les plus belles décou-

nouvelle Lunette de trois pieds de longueur,
ayant plus de seize lignes d'ouverture, au lieu
de sept qu'a une lunette ordinaire, & qui
donnoit par conséquent quatre fois plus de
lumiere. Deux ans après, M. Passemant présenta au Roi de nouvelles Lunettes de poche,
d'une commodité & d'une perfection singulieres,
tellement que, dès qu'elles furent connues,
l'Auteur ne pouvoit suffire à la quantité qu'on
lui en demandoit. Elles ont toujours joui
depuis & jouissent encore de la même réputation.

Les Ouvrages de M. Passemant dont nous
venons de rendre compte, prouvent l'étendue
de ses connoissances & la fertilité de son génie:
en voici d'un autre genre qui font autant d'honneur à son cœur, qu'à son esprit. On a vu ci-
dessus que le desir seul d'être utile à ses Concitoyens, & un désintéressement signalé l'avoient
porté à écrire pour dévoiler ce dont plusieurt
Artistes faisoient un secret. Le même patrio-
tisme, le même desir de rendre service à l'humanité lui inspirerent un projet, dont nous allons
donner ici un détail succinct; c'est celui de faire
venir les vaisseaux à Paris.

La premiere annonce de ce projet se trouve
dans la Gazette de France du 7 Octobre 1765,
où il est dit *que le sieur Passemant, Ingénieur
du Roi, & le sieur Bellard, Avocat aux Con-*

---

vertes pechent toujours en quelque chose, M. *le Paute*
examine dans le chapitre suivant, les inconvénients de
celle de M. Passemant, & les moyens de les corriger.

feils (que M. Paffemant a intéreffé dans le fuccès de cette affaire) *ont eu l'honneur de préfenter au Roi, le 2 du même mois, un Plan en relief, & un Mémoire contenant des moyens de la plus grande fimplicité pour faire arriver des vaiffeaux à Paris.* Mais il y avoit déjà long-temps que M. Paffemant en avoit conçu l'idée, & tenté même de le faire agréer au Roi. Car je trouve, dans les papiers qui m'ont été remis à ce fujet, que dès le mois d'Août 1760, une perfonne qui jouiffoit alors à la Cour de la plus grande faveur, préfenta pour lui, fnr ce fujet, un Mémoire au Roi; ce Prince eut la bonté de faire dire à l'Auteur quelques jours après, *que le projet lui plaifoit fort, mais qu'il en falloit remettre l'exécution après la paix.*

Au mois de Mai 1765, quatre mois environ avant que le plan en relief fût préfenté au Roi, *M. Bertin* dit à M. Bellard, *que le projet plaifoit toujours à Sa Majefté, mais qu'elle entendoit l'exécuter par elle-même, & non par une Compagnie, que d'après cela il pouvoit donner un Mémoire.* C'eft ce que les Auteurs exécuterent; ils en donnerent plufieurs tant au Roi qu'aux Miniftres, avec deux plans en relief; l'un pour le Roi, que j'ai maintenant fous les yeux, & l'autre pour M. Bertin. Le jour que M. Paffemant eut l'honneur de préfenter le premier au Roi, dans le même appartement où eft fa pendule à fphere, toute la Cour s'y trouva, en préfence de laquelle il fit, pendant près d'une demi-heure, la defcription verbale de fon projet, & prouva la facilité de fon exécution,

ce qu'il démontra encore à tous ceux qui se
présenterent pendant que le Roi fut à la Messe,
Feu M. *Gabriel*, dont personne ne révoquera
en doute les talents, fut un des premiers à
applaudir à l'idée du projet: il s'en déclara le
protecteur, & ce fut lui qui conseilla de pré-
senter le plan & les mémoires à feu M. *de Tru-*
daine, ce qui fut exécuté le lendemain.

Il ne nous est pas possible d'entrer ici dans
le détail de tout ce qui regarde le plan & les
mémoires. On trouvera des détails à ce sujet
dans un Ouvrage prêt à paroître de M. *Dela-*
lande, sur les canaux de navigation ; à Paris,
chez la veuve *Desaint*, 1778, *in-fol.* Il suffit
que le Public sache que ce projet consiste à
rendre Paris port, comme il l'a été autrefois,
à rétablir l'ancien Commerce maritime de cette
grande Ville (1), & à y faire arriver, dès la

---

(1) On voit dans l'Histoire du neuvieme siecle,
que des Peuples de la Suede, du Danemarck & de
la Norvege, au nombre de quarante mille hommes,
ayant à leur tête *Sigefroy*, vinrent en l'année 885,
faire le Siege de Paris, avec sept cents voiles, sans
compter les barques, en sorte qu'au rapport d'*Abbon*,
Religieux de l'Abbaye de Saint-Germain-des-Prés,
Contemporain & témoin oculaire, qui a écrit cette
guerre en vers latins, formant deux livres, la riviere
étoit couverte de leurs Bâtiments, l'espace de deux
lieues. Il ajoute qu'ils étoient déjà venus deux fois
dans le même siecle.

Jules César rapporte, dans le troisieme livre de ses
Commentaires, que, lors de la conquê e des Gaules,
il fit faire pendant un hiver, six cents vaisseaux des
bois qui étoient aux environs de Paris ; qu'au prin-

premiere année de l'entreprise, les vaiſſeaux qui des quatre parties du monde viennent mouiller dans le Port de Rouen. Il ne faut pour cela que ſurmonter, par des canaux pratiqués au-deſſus des dix Ponts qui ſont ſur la Seine, depuis Rouen juſqu'à Paris, l'obſtacle

---

temps il fit monter ſur ces vaiſſeaux ſon armée, avec armes, bagages, chevaux & proviſions, & qu'il deſcendit la Seine, paſſa à Dieppe, & de là en Angleterre, dont il fit la conquête.

N'avons-nous pas vu il y a quelques années, le premier Août 176.... le Capitaine *Berthelot*, arriver au Pont-Royal, vis-à-vis des Tuileries, ſur ſon vaiſſeau de cent ſoixante tonneaux, cinquante cinq pieds de quille, & dont le grand mât avoit quatre-vingt pieds de hauteur? Lorſqu'il partit le 2 du même mois, chargé de marchandiſes, l'eau de la Seine étoit à-peu-près à la même hauteur, c'eſt-à-dire, à vingt-cinq pieds. Ce vaiſſeau eſt arrivé de Rouen à Paris en ſept jours, de Rouen à Poiſſy en quatre jours, & une autre fois du Havre à Paris en dix jours.

L'Académie des Sciences, Belles-Lettres & Arts de Rouen, annonça dans ſa ſéance publique, tenue le premier Août 1759, qu'elle propoſoit pour ſujet du Prix de l'année prochaine cette queſtion : *la Seine n'a-t-elle pas été autrefois navigable pour des vaiſſeaux plus conſidérables que ceux qu'elle porte, & n'y auroit-il pas des moyens de lui rendre ou de lui procurer cet avantage?* En 1760 le Prix fut remis, l'Académie n'ayant pas été ſatisfaite des Mémoires qui lui furent envoyés. En 1761 les nouveaux ne lui ayant pas paru meilleurs, elle ſe décida à changer la matiere du Prix. Il nous paroît étonnant, M. Paſſemant ayant fait préſenter au Roi, en 1760, ſon premier Mémoire ſur cet objet, qu'il n'ait pas concouru pour ce Prix : c'eſt une nouvelle preuve de ſon indifférence ſur tout ce qui pouvoit tourner à ſa gloire ou à ſon utilité.

qu'ils forment à l'arrivée des vaisseaux, & de creuser dans certains endroits le lit de la riviere, pour qu'elle soit navigable en tout temps, & cela pour vaincre le second obstacle qui peut naître dans certains temps des basses eaux. Suivant le devis estimatif des ouvrages, fait & signé par un habile Architecte (*M. le Noir*), & qui fut mis dans le temps sous les yeux du Ministre, la dépense totale, sans y comprendre les épuisements, ne monteroit qu'à 19,737400 liv. en y comprenant le coût des ponts tournants & des portieres. Quant aux moyens de finance proposés, il sont aussi simples que l'ouvrage, & ne consistent que dans une très-modique imposition sur des objets qui n'en supportent aucune.

Quelque peu coûteux que soit le projet dont nous venons de rendre compte, quelque facile que soit son exécution, on a cependant fait à l'Auteur des objections, qui étoient d'autant moins à mépriser, qu'elles étoient faites par des personnes très-versées dans tout ce qui regarde les ponts & chaussées, & par conséquent très en état de juger de tout ce qui y a rapport. J'ai trouvé dans les papiers de M. Passemant, des réponses écrites de sa propre main à ces objections; elles m'ont paru absolument victorieuses. J'en tire la preuve de ce que ceux qui les ont faites s'en sont désisté.

L'avantage de ce projet a été reconnu tel par des gens du métier, qu'on n'eut pas plutôt appris en quoi il consistoit, qu'une compagnie d'Armateurs de Dieppe offrit, dans

le cas même où le feul ouvrage projeté à
la tête des Ponts feroit effectué, fans creu-
fer le lit de la Seine, de faire conftruire
douze Navires de cent cinquante tonneaux
chacun, tirant huit pieds d'eau, avec lef-
quels ils iroient charger des morues en If-
lande, & les viendroient décharger en droiture à Paris par les mêmes Navires. Cela eft fi
vrai, qu'un Négociant de Dieppe (*M. le
Brun*) écrivit, dans le temps, à M. Paffemant,
de mettre dans fes Mémoires l'offre qu'il faifoit de remplir les engagements dont nous venons de donner le détail. En voici la preuve
par un extrait de fa lettre : « J'apprendrai,
» Monfieur, avec un grand plaifir la réuffite de
» votre entreprife pour faire monter les Vaif-
» feaux tout chargés au nouveau port....Dépê-
» chez-vous donc. Auffi-tôt que vous aurez
» l'agrément du Roi pour y travailler, je me
» propofe d'amener avec moi deux Conftructeurs
» de Navires & vingt Charpentiers, pour faire
» conftruire douze Navires de cent vingt à
» cent trente tonneaux, de foixante-deux pieds
» de quille, dix-huit pieds de pont, huit pieds
» de calle, vingt pouces de vibord, &c.&c ».
Telle a été à-peu-près la marche de cette
affaire, jufqu'à la mort de M. Paffemant : depuis, *M. Bellard*, fon Coaffocié, n'a rien né-
gligé pour pourfuivre auprès du Gouverne-
ment l'exécution de ce projet; & Paris joui-
roit aujourd'hui de tous fes avantages, fans
des circonftances particulieres, qui, fous le
précédent miniftere, obligerent de différer &
d'attendre

d'attendre un temps plus favorable. Nous avons aujourd'hui tout lieu d'efpérer, depuis que la marine eft confiée à un Miniftre éclairé, dont toutes les vues & toutes les démarches ont pour unique but l'intérêt public & la confervation des Citoyens; nous ofons donc nous flatter qu'il accueillera avec bonté, & procurera à la Capitale un établiffement qui, en augmentant confidérablement fon commerce, lui procurera le feul avantage qui lui refte à defirer, celui d'être Ville prefque maritime, & d'avoir un port où viendroient fe rendre les Vaiffeaux marchands des différentes Nations.

Quand M. Paffemant n'auroit rendu que ce fervice à fa patrie, il mériteroit certainement les hommages de fes Concitoyens & la reconnoiffance de la poftérité, qui, fi fon projet a lieu, jouira du fruit de fes veilles & de fes travaux. Son unique ambition, & cette ambition étoit bien légitime, c'étoit d'en voir l'exécution. Mais la mort l'a enlevé avant qu'il ait pu jouir de cette douce fatisfaction, & dans le temps où nous comptions le plus fur la durée de fa vie. On voyoit en effet briller dans fes yeux & dans tout fon vifage un air de vigueur & de fanté, fur lequel il étoit naturel de fonder les efpérances d'une plus longue carriere que celle qu'il a parcourue. Il fut tout-à-coup attaqué d'une maladie foporeufe qui, en moins de vingt-quatre heures, le mit au tombeau, le 6 Novembre 1769. Il a eu de fon mariage trois enfants, dont un garçon mort en bas-âge, & deux filles. L'aînée a époufé *M. Solomé*, Maître

C

en Pharmacie de cette Ville. Ceux qui les con-
noiſſent rendent à ſa probité & à ſes talents
le tribut d'éloges qui leur eſt dû; les liens du
ſang qui nous uniſſent, depuis que M. Paſſemant a bien voulu m'accorder ſa fille cadette,
ont été reſſerrés par ceux de l'amitié & de
l'union la plus intime.

Le tableau que nous venons de tracer de la
vie & des occupations de M. Paſſemant, ſuffi-
roit preſque pour peindre ſes mœurs &
ſon caractere; nous allons y ajouter quelques
traits qui n'ont pu trouver place dans ce tableau, & que notre ſenſibilité & notre recon-
noiſſance ne nous permettent pas de paſſer ſous
ſilence.

La Providence, en accordant à M. Paſſemant
une vie exempte de ces infirmités longues & de
ces accidents ſiniſtres qui en ébranlent toujours
la tranquillité (1), ſeconda merveilleuſement

(1) Il étoit cependant ſujet, dans ſa jeuneſſe, à des
migraines qui lui duroient environ vingt-quatre
heures; il en eut une attaque quelques années avant
ſa mort: nous ne la rappellons ici, que parce qu'elle
nous fournit l'occaſion de rapporter encore un trait
de la bonté du cœur de Louis XV. Ce Prince
avoit aſſigné un jour à M. Paſſemant pour lui
préſenter un nouvel Ouvrage de ſa compoſition. Ce
jour même il fut attaqué d'un mal de tête ſi con-
ſidérable, qu'il lui fut impoſſible de ſe préſenter devant le Roi. Son Eleve (M. Nicolet) eut l'honneur
de remplir ſa place. Sa Majeſté informée de la raiſon
qui retenoit M. Paſſemant chez lui, eut la bonté de dire
à l'Eleve: *dites à M. Paſſemant qu'il ne s'inquiette
pas: j'ai été, comme lui, ſujet à des maux de tête qui n'ont
pas eu de ſuite.*

les travaux affidus & pénibles qu'exigerent fes
nombreufes inventions. Peu d'Artiftes ont été
à même de faire une plus brillante fortune que
lui, s'il eut pu feulement fe réfoudre à cer-
taines démarches, que l'amour de fa liberté
& fon indifférence pour les richeffes, lui ont
toujours fait regarder comme avilissantes. Ce
qu'il a obtenu, il ne l'a jamais demandé, fa
famille & fes amis ont tout fait pour lui ; &
fon défintéreffement étoit tel, qu'on lui a en-
tendu dire nombre de fois à ceux qui lui re-
préfentoient qu'il ne tenoit qu'à lui d'éprou-
ver les marques de la libéralité de fon Prince
qui l'eftimoit, *qu'il fe trouvoit trop heureux
d'avoir les bonnes graces de Sa Majefté.*

M. Paffemant étoit naturellement tendre &
affectueux : l'expreffion commune qui dit *que
le cœur parle*, fembloit faite pour lui : il pro-
nonçoit plus de fentiments que de paroles : il
avoit une politeffe, peut-être trop fimple,
mais jamais fauffe. Excepté deux ou trois
amis, qu'il voyoit encore rarement, fon
cabinet & fa famille partageoient tout fon
temps. Comme il avoit des connoiffances fur
tout, il aimoit affez à converfer ; mais il falloit
qu'on le mît fur la voie, & que quelqu'un ini-
tié dans les Arts ou la Littérature profitât de
fon goût pour l'un & pour l'autre, pour lier
une converfation dont il faifoit toujours prefque
tous les frais, fur quelque matiere que ce
fût (1).

_____

(1) En voici une preuve bien frappante : quelqu'éloi-

C ij

Il avoit formé un desir qui paroissoit assez analogue à ses études & à ses occupations, c'étoit celui d'être Membre de l'Académie Royale des Sciences. Il lut même à deux de ses Séances deux Mémoires, l'un en 1749, sur la Pendule à Sphere de Versailles, & l'autre en 1746, sur une nouvelle méthode pour diviser un quart de cercle si exactement, qu'on est sûr d'une seconde. L'approbation de ces Ouvrages se trouve dans l'Histoire de l'Académie des mêmes années. Des raisons particulieres, tirées, à ce qu'on prétend, de l'état qu'il exerçoit, l'empêcherent d'y être reçu. Si cela est ainsi, *la Société Royale de Londres*, qui est pour l'Angleterre ce qu'est l'Académie des Sciences pour la France, auroit, sur sa sœur, un grand avantage, en ce qu'elle admet indistinctement, parmi ses Membres, tous ceux qui se distinguent par des inventions analogues aux Arts ou aux Sciences. Il y entre toutes sortes d'Artistes, même des Peintres : ainsi *Jacques Thornh* & plusieurs autres en furent.

---

gnées que fussent mes connoissances de celles de M. Passemant, je prenois souvent plaisir, en partie pour le distraire, en partie pour m'instruire, à disserter avec lui sur des sujets différents de ses études ordinaires. Je lui demandois un jour son avis sur une Dissertation que je me proposois de publier *sur le célibat des Ecclésiastiques* : quoique j'eusse consulté à ce sujet beaucoup d'Auteurs que je lui citai, je ne fus pas peu surpris qu'il m'en nomma sur le champ quelques-uns, tant Latins que François, qui m'étoient échappés. Ce trait prouve de reste qu'elle étoit l'étendue de sa mémoire & de son érudition.

La vérité que nous voulons être la base de cet Eloge, ne nous permet pas de diffimuler que M. Paffemant étoit fujet à une vivacité qui fembloit un peu approcher de l'impatience: la réfiftance & la contradiction fur fes idées agitoient aifément fon ame; mais nous devons ajouter auffi que les faillies de fa vivacité, femblables à ces éclairs qui, dans une belle nuit, jettent fur l'horifon un feu étincelant, fans en troubler en aucune maniere la férénité, n'étoient que paffageres & momentanées. Une réflexion prompte ramenoit bientôt le calme dans fon ame agitée, & des paroles affables, des excufes même montroient de refte combien il craignoit d'avoir mortifié ceux qui, par leur imprudence, avoient donné lieu à fon emportement paffager.

Pour tracer enfin en deux mots l'éloge de M. Paffement, nous dirons que la probité fut fon caractere dominant, la vérité l'ame de fes difcours, la juftice & la droiture du cœur celle de fes actions, & enfin la Religion, le principe & le but de toutes fes démarches. *Il eut toutes les vertus, & je ne lui connus jamais un vice après plus de vingt-cinq ans de mariage,* difoit, en parlant de fon mari après fa mort, Mme.de*Mondonville.*C'eft ce que dit tous les jours, avec autant de vérité & de fenfibilité de fon mari, Madame Paffemant. Que pourroit-on ajouter de plus à cet éloge?

C iij

NOTICE

ABREGÉE ET ALPHABÉTIQUE

De plusieurs Artistes anciens, tant Sculpteurs que Peintres, omis dans le Dictionnaire des Artistes,

DE M. l'Abbé DE FONTENAY.

Studium eorum laudandum est qui vel explanant rectè dicta à sapientibus, vel supplent, si quid omissum est ab eis.
GALEN. Liv. II. De Facult. nat. Cap. IX.

A.

AJOUTEZ à l'article d'Agacrite, Disciple de Phidias, qu'il fit une Minerve à Itone, & un Jupiter de bronze, près de Coronée, en Boéotie.

Ageladas, d'Argos, fit un Jupiter Empereur à Messine, un Hercule sans barbe aux Achéens, un Jupiter de bronze, quatre chevaux aussi de bronze, &c.

Ajoutez à l'article d'Alcmenes, qu'il fit une statue de Vénus & de Junon, posée sur le chemin de Phaleres, tirant à Athênes ; une autre d'une merveilleuse beauté pour le quartier de la Ville, qu'on appelloit le quartier de la nuit, & plusieurs autres Ouvrages.

Alcistere, femme, peignit un brave Sauteur.

Aristarete, fille & écoliere de Néarche, dont nous parlerons plus bas, fit un bel Esculape.

Alcmen, Disciple de Phidias, fit à Thébès un Hercule & une Minerve de marbre, en forme de colosse.

Amphion, de Gnose, fils d'Acestor, fit aux Cyréniens, un Batte assis sur un charriot, ayant pour Charretier sa mere Cyrene, & la Nymphe Lybie, qui mettoit une couronne sur la tête du Batte.

Anaxagoras, d'Ægine, fit en la ville d'Olympe, une image de Jupiter, & un Hercule de bronze, combattant le lion de Némée, & l'étouffant entre ses bras.

Androbe, excellent Peintre, fit, entr'autres Ouvrages, une Danaé, que les vents emportoient à travers la mer.

Anterme, Miciade & Malas firent concurremment deux Dianes de pierre, dont une, celle de Chio, montroit, si l'on en croit la Fable, un air sévere à ceux qui entroient dans son Temple, & paroissoit avoir un air bénin, lorsqu'on en sortoit.

Antiphane, d'Argos, moula Castor & Pollux à Delphes. Il fondit aussi un cheval de bronze, & une Lucine assistant une femme en travail d'enfant.

Ajoutez à l'article d'Antiphile, qu'il peignit aussi un beau Satyre, couvert d'une peau de panthere.

C. iv

Ajoutez à l'article d'Apelles, qu'il peignit une très-belle Vénus, fortant des vagues de la mer, & que ce fut une de fes Maîtreffes, nommée Phrynée, *femme belle en toute perfection*, dit un Auteur ancien, qui lui fervit de modele. Il fit auffi une excellente Diane, & peignit Clitus, favori d'Alexandre, à cheval, auquel un Page préfentoit fon habillement de tête, &c.

Ajoutez à l'article d'Apollodore, qui fut en vogue en la quatre-vingt treizieme Olympiade, qu'il fit un fi beau Tableau d'Ajax, foudroyé par Jupiter, que jamais on n'avoit rien vu de fi fini.

Arcefilaüs peignit Léofthene, Capitaine Athénien, qui défit les Macédoniens en deux batailles.

Ardices, natif de Corinthe, paffe pour le premier, avec Téléphanes, de Sicyone, qui ait fait des Portraits en Peinture, ne tirant que les traits & lignes des figures, fans y appliquer aucune couleur. D'autres attribuent l'invention des linéaments à Philoclès, Egyptien, & d'autres à Cléanthès, Corinthien.

Ardace fit deux Vulcains de bronze, l'un à Delphes, l'autre au Temple de Minerve Polias. De fon tems, il y avoit quantité d'habiles Peintres, de Statuaires & Fondeurs de métaux.

Argée ayant fondu un Jupiter de bronze, tailla auffi après un bel Apollon de bois: Attale, Athénien, ayant fait, en l'Ifle de Naxe, un Hercule, tailla depuis un Apollon Lycien, en bois.

Ajoutez à l'article d'Ariſtides, Peintre Thébain, qu'il fut le premier qui, par les vives couleurs de ſes Portraits, imita les mouvements de l'eſprit & du cœur. Après ſon Tableau du ſac d'une Ville, celui qui lui fit le plus d'honneur fut un Vieillard avec un luthe en main, qui montroit à un enfant, & ſembloit s'affliger de ſa peſanteur d'eſprit.

Ariſtocles, de Cydon, fils & Diſciple de Cléoétas, fit, pour les Eléens, un très-beau Ganymede de bronze, qu'un Aigle emportoit à Jupiter, &c.

Ariſtolaüs, fils de Pauſanias, fut très-célebre en Peinture, par les Portraits.

Ariſtomédon fit pluſieurs belles ſtatues de bronze à Delphes, & ſur-tout une Latone, portant un petit Apollon & menant par la main une petite Diane.

Ariſtonome, d'Egine, fit aux Eléens un Jupiter de bronze, tenant d'une main un oiſeau, & de l'autre la foudre, avec un chapeau de divers fleurs ſur ſa téte.

Aſcar, Diſciple d'Agéladas, Sicyonien, fit auſſi aux Eléens un Jupiter de bronze, enguirlandé de fleurs, & tenant en ſa main droite la foudre prête à la lancer. Il fit encore un Pan luttant avec Cupidon.

Athénion, de Maronée, excellent Peintre, Diſciple de Glaucon, Corinthien, fit un Tableau repréſentant des femmes célébrant la fête des Paniers. Il fit auſſi un Achille habillé en femme, & ſurpris par Ulyſſe.

Athénodore, Lacédémonien, fut excellent Statuaire en marbre.

B.

Batycles, Magnéfien, bon Statuaire, fit une Chaire pour le Temple d'Apollon, d'Amycle, & un Minautore de bronze, traîné, lié & garrotté par Théfée. La Chaire étoit en relief, & on voyoit, fur chacun des côtés, diverfes repréfentations qui ont été décrites par *Noël le Comte* dans fa Mythologie.

Boethe, Cartaginois, fit plufieurs ftatues.

Bryaxis travailla en bronze.

Burlarche qui avoit la vogue en la feizieme Olympiade, fit une peinture fi excellente de la bataille des Magnéfiens d'Ionie, que ce Tableau lui fut payé fon pefant d'or.

Buthiée, Difciple de Myron, fondit plufieurs figures : entr'autres, un enfant foufflant du feu, un aigle emportant Ganimede, un Apollon avec un diadême, &c.

C.

Ajoutez à l'article de Calamis, qu'il fit pour les Athéniens une ftatue de la Victoire fans aîle, plus aux Corinthiens un Efculape fans barbe, d'or & d'ivoire, qui de la main droite tenoit une pomme de pin, & de la gauche un fceptre.

Ajoutez à l'article de Callimache, & non *Callimaque*, comme il eft écrit dans le *Dictión-*

naire des Artiftes, qu'il paffe pour être le premier qui perça les pierres.

Caliphon, Samien, peignit au Temple de Diane, à Ephefe, la bataille navale des Troyens, contre les Grecs, & fur-tout une Difcorde avec un vifage hideux.

Canache, Sicyonien, fit plufieurs ouvrages de Peinture pour les Miléfiens, les Thébains & les Corinthiens; mais fa maniere étoit rude & groffiere, & ne tiroit pas bien au vif.

Céphifodore, qui brilla en la quatre-vingt-dixieme Olympiade, travailla pour les Athéniens, & fit une Minerve fur le port d'Athenes.

Chalcofthene, Athénien, fe fit une grande réputation par fes images & ftatues de terre, qu'il vendoit dans une place d'Athenes, laquelle fut appellée depuis la place au Potier.

Chion fit deux belles ftatues en marbre, à Delphes, favoir, Minerve & Diane.

Chirifophe, Candiot, fit pour les Tégéates une ftatue d'Apollon, de marbre blanc doré.

Chrifippe d'Héliopolis & Zénon, furent les plus habiles Peintres de leur temps, pour peindre toutes fortes d'animaux.

Ajoutez à l'article de Simon, qu'il avoit coutume de peindre fur de l'écorce.

Cléon, Sicyonien, fit une ftatue, trouvée admirable, d'un jeune homme nommé Dinoloche, qui avoit vaincu tous fes rivaux aux jeux Olympiques.

Critias fit un excellent Coureur de bronze.

Ctéficles fit une ftatue de marbre blanc

d'une femme, fi bien travaillée & fi belle, que Clifophe en devint éperduement amoureux : Adée, de Mithylene, ajoute même dans fon Livre des Statuaires, qu'il commit à ce fujet des indécences que la pudeur ne permet pas de rapporter ici.

D.

Ajoutez à l'article de Dédale, qu'il travailla fur-tout en bois, & que les bois dont on faifoit anciennement les images des Dieux, étoient le cedre, l'olivier, le chêne, le cyprès & l'ébene. Il y a eu un autre Dédale, Sicyonien, qui dreffa un trophée aux Eléens, pour une bataille qu'ils gagnerent contre les Lacédémoniens.

Daméas, de Troézene, travailla à Delphes des ftatues.

Damophon, Meffénien, fit d'excellents ouvrages en marbre, dont on peut voir le détail dans l'Auteur cité plus haut.

Ajoutez à l'article de Démétrius, qu'il fit une Minerve de bronze, au bouclier de laquelle il y avoit des ferpents difpofés de maniere que, quand on les heurtoit, ils rendoient un fon femblable à celui d'une viole.

Dinomenes fit de bronze pour la Citadelle d'Athenes, une Io & une Califto, fille de Lycaon, Roi d'Arcadie.

Denys, d'Argos, excellent Statuaire d'Elide, fit un Orphée, & plufieurs travaux d'Hercule.

Ajoutez à l'article de Dipoene & Syllis, qu'ils firent en bois, dans la ville de Cléone, une belle effigie de Minerve, & Caftor & Pollux en Argos avec leurs chevaux, le tout d'ébene.

Dylle & Amyclée firent auſſi enſemble, à Delphes, les ſtatues de bronze de Jupiter & d'Egine.

E.

Echion, excellent Peintre, fleuriſſoit en la cent ſeptieme Olympiade.

Eleuthere fit à Athenes l'effigie de Bacchus, d'or & d'ivoire.

Emile, d'Egine, tailla pour les Eléens les Heures, aſſiſes, aux pieds deſquelles étoient des paniers pleins de toutes ſortes de fleurs & de fruits.

Endée, Diſciple de Dédale, fit une Minerve de marbre blanc.

Eudie fit une très-belle Minerve d'ivoire pour les Arcadiens, qu'ils ſurnommerent Alée.

Eubulide moula à Athenes, en la place aux Potiers, dont nous avons parlé plus haut, un Apollon de terre.

Eumain, Athénien, fut le premier qui tâcha d'exprimer les figures par les couleurs. Il fit un tableau de Diane, ſervant de ſage-femme à ſa mere pour enfanter Apollon.

Euclide, auſſi Athénien, fit pour les Achéens une Cérès, une Vénus, un Bacchus & une Lucine de pierre pentelique.

Ajoutez à l'article d'Euphranor, qu'il étoit d'Isthmos.

Eutycrate, fils de Lysipe, fit à Delphes un Hercule, & un Alexandre chassants, de bronze.

G.

Gitiade, de Lacédémone, travailla en bronze. Sa plus belle piece est une Amphytrite avec Neptune.

H.

Hermon travailla en bois pour les Træzéniens, les effigies de Castor & Pollux, dont les membres sur-tout étoient très-bien faits.

Hermogene, Cythérien, fit plusieurs ouvrages en bronze.

Hygion, Athénien ou de Crotoue, selon l'Auteur cité plus haut, fut le premier qui, en peignant, distingua le mâle d'avec la femelle, au lieu qu'avant lui on faisoit des portraits si grossiers, qu'on ne pouvoit distinguer un homme d'avec une femme.

Hypatodore fit pour les Arcadiens une Minerve de marbre, aussi superbe par sa grandeur que par son travail.

I.

Irene, fille du Peintre Cartin, fit les tableaux d'une jeune fille à Eléuris, de la belle Calypso, tirant déjà sur l'âge, & de Théodore, grand Escamoteur de son temps.

L.

Lala, de Cyfique, fut très-habile à faire le portrait des femmes, dont elle peignit un grand nombre, même à travers d'un miroir, à ce qu'on prétend.

Lapharis travailla principalement en bois.

Léarche, de Rhege, fit auffi à Lacédémone une figure en bois de Jupiter, très-artiftement travaillée.

Léochares fit une Eurydice & une Olympias d'or & d'ivoire.

Léochoris, Peintre, peignit fous la derniere galerie du Piré, port d'Athenes, un très-beau Jupiter.

Locre, de Paros, fit la ftatue de Démofthene, banni dans la Calabre pour la feconde fois, & mourant d'un breuvage empoifonné.

Lycie, fils de Myron, peignit fur-tout des batailles & des duels.

Lyfon peignit une multitude de Peuple affemblé.

Lyfipe, Eléen, fut un habile Fondeur.

Lyfippe, Sicyonien, travailla en bronze. Alexandre ne voulut être jeté en fonte que par lui: ce fut lui qui fit la ftatue de bronze de Socrate à Athenes, laquelle, par Arrêt du Confeil, fut pofée en la plus belle place de la Ville, après que les Athéniens, repentants de l'avoir fait mourir, eurent condamné fes ennemis.

Lyfiftrate, frere du précédent, fut, dit-on,

le premier qui imagina de contrefaire en plâtre les figures humaines, invention qui a beaucoup facilité l'art des Fondeurs.

M.

Medon, Lacédémonien, fit en marbre une Minerve ornée de pied-en-cap.

Ménochares, fils de Pausias, peignit Esculape, & fit plusieurs autres portraits.

Ménodore, statuaire, se distingua dans son Art.

Ajoutez à l'article Micon, qu'il y a eu un autre peintre Athénien, de ce nom, qui fit un magnifique tableau de la bataille des Lapithes & Centaures. C'est sur tout par des descriptions d'armées & de batailles qu'il s'est distingué.

Muse travailla en bronze pour les Éléens.

Ajoutez à l'article de Myron, célèbre Sculpteur Athénien, qu'il travailla également le bois, le marbre & le bronze.

Mys, excellent Graveur, & très-habile Sculpteur en bois, grava sur le bouclier de la statue de Minerve, faite en bronze par Phidias, la bataille des Lapithes & Centaures.

N.

Naucy, né à Argos, travailla en bronze.

Nicagore, Dame Sicyonienne, fit pour les Corinthiens un Hercule transformé en serpent, qui, à cause de sa grande pesanteur, fut transporté

porté avec le fecours de beaucoup de chevaux d'Epidaure à Corinthe.

Nicerat fondit un Efculape avec fa fille Hygie.

Ajoutez à l'article de Nicearque, qu'il fit auffi un tableau repréfentant Pan, luttant à égales forces avec Cupidon.

Ajoutez à l'article de Nicias, qu'il étoit fils de Nicomedes, qu'il n'y eut jamais de Peintre plus habile à peindre les animaux, principalement les chiens.

Nicodême fit pour les Eléens un jeune Hercule.

Nicomache, fils d'Ariftodene, fit auffi plufieurs belles pieces, & fur-tout la mere des Dieux affife fur un Trône.

O.

Olympiofthene fculpta trois Mufes.

Omphalion, Difciple de Nicias, peignit Efculape, fa fille Hygie, Podalire & Machaon, Médecins.

Onaras, excellent Statuaire, fils de Micon, fit autr'autres, pour les Phigaliens, une Cérès, dont il eut tout ce qu'il demanda. Il fit auffi un Mercure, portant un mouton fous fes aîles, & ayant la tête couverte d'herbes, & le corps d'une cappe.

P.

Ajoutez à l'article de Pamphile, Peintre, qu'il tira très-bien Ulyffe au pinceau.

D

Panene, frere de Phidias, peignit très-naturellement la bataille livrée aux Perses à Marathon, par les Athéniens. Ayant peint à Delphes le Temple d'Apollon, sans vouloir recevoir d'honoraires, les Amphictions lui accorderent beaucoup d'honneurs & de prérogatives, & ordonnerent qu'en quelqu'endroit des terres de leur reffort qu'il féjournât, il seroit nourri & défrayé aux dépens du Public. On dit qu'il fut le premier qui, dans ses portraits, fit ouvrir la bouche & montrer les dents.

Pafiteles, Potier de terre, étoit auffi bon Maître en peinture, qu'en fculpture & gravure.

Philoxene peignit la bataille d'Alexandre contre Darius.

Pifias fe diftingua dans la fculpture.

Ajoutez à l'article de Polyclet, Statuaire d'Argos, qu'il fit auffi deux figures de bronze en petit volume, que l'on appelloit *Porte-paniers*, parce quelles avoient l'habit & façon des filles Athénienes, qui portoient fur leurs têtes des paniers de fleurs.

M. l'Abbé de Fontenai attribue à Polygnote, Peintre Grec, le trait concernant Panene, rapporté plus haut. Il eft bien vrai qu'on fait honneur à l'un & à l'autre d'avoir les premiers fait ouvrir la bouche & montrer les dents aux perfonnages de leurs portraits, ce que n'a pas dit M. l'Abbé de Fontenai; mais quant aux honneurs rendus par les Amphictions à ces Artiftes, il eft certain qu'ils furent accordés à Panene & non à Polygnotte:

du moins eſt-ce ainſi que le certifie l'Auteur cité plus haut.

Praxias, Athénien, Diſciple de Calamis, excella ſur-tout dans la ſculpture des buſtes ou portraits.

Pythagoras, de Paros, fit un très-beau tableau des Graces.

Pythagoras, de Rhege, fut le premier qui exprima ſur les ouvrages de fonte les veines, nerfs, cheveux, &c.

Pythodore, Thébain, fit une Junon de bronze.

R.

Rhoeque & Théodore, Samiens, furent les premiers inventeurs de la Poterie de terre, à Samos. Rhoeque fit une femme fort brune, que les Epheſiens appelloient la Nuit.

S.

Simon, Peintre d'Egine, fit pour les Eléens un cheval avec ſon piqueur, & les travaux d'Hercule.

Socrate, fils de Sophroniſque, tailla en marbre, au portail de la Citadelle d'Athenes, les Graces & Mercure. Il ſe diſtingua auſſi dans la peinture.

Strangylion travailloit en pierre, mais mal le corps humain, & très-bien les bœufs & les chevaux. Il ne fit qu'une Diane paſſablement belle.

T.

Taurifque , Peintre , peignoit admirablement bien les Athletes, & repréfenta en toute perfection l'action des mufcles du dos & des extrémités.

Tectée & Argelion , Difciples de Scillis & de Dipoene, firent pour le Temple d'Apollon à Délos , une très - belle ftatue de marbre.

Télétas & Arifton firent auffi enfemble une ftatue en bronze de Jupiter , ayant dix - huit pieds de haut, piece très - eftimée & très-belle.

Théofcome, Citoyen d'Athenes , fit, avec l'aide de Phidias , une ftatue de Jupiter , fur la tête duquel fiégoient les Heures & les Parques. La bouche étoit d'or & d'ivoire , & le refte de plâtre & de terre.

M. l'Abbé de Fontenai parle de plufieurs Artiftes anciens, connus fous le nom de Théodore ; mais il en oublie un bien remarquable, en ce qu'il trouva le premier le moyen de fondre le fer , & d'en faire des images, ainfi que nous l'apprend Adée, Mythélénien , dans fon Livre des Statuaires.

Théopompe , d'Egine, fit pour les Habitants de Corfou un excellent taureau de bronze.

Thrafimede , de Paros, fit une très - belle ftatue en or & en ivoire d'Efculape.

Thilaye & Orethe firent pour les Eléens,

avec leurs enfants, cette statue de Jupiter, qui fut depuis transportée en Olympie.

Thymile fit à Athenes, en la rue des Trépieds, un Dieu d'amour de marbre blanc, & un jeune Satyre lui versant à boire.

Timænette peignit dans la Citadelle d'Athenes plusieurs tableaux représentant divers personnages.

Ajoutez à l'article de Timanthe, Peintre, qu'il peignit aussi le Jugement des armes entre Ulysse & Ajax, & que ce fut dans cette peinture qu'il eut la gloire de vaincre Parrhore.

Timoclès & Timarchidas firent pour les Eléens un Esculape de marbre, sans barbe.

Tiermache, excellent Peintre Bysantin, fit un tableau d'Iphigénie en Tauride, où il la représente debout, prête à être sacrifiée sur l'Autel, & accommodant sa robe autour d'elle, pour tomber honnêtement sous le coup, sans rien découvrir de son corps.

Tisagoras, compagnon de Théodore, Samien, fit à Delphes un Hercule de fonte, terrassant l'Hydre, & autres ouvrages.

X.

Xénocrite & Eubie, Thébains, firent un Hercule de pierre d'Albâtre.

Xénophon, d'Athenes, commença la statue de la Fortune, portant le Dieu Plutus : l'ayant laissée imparfaite à sa mort, Calliomache, Thébain, lui fit les mains, la bouche, & quelques autres parties.

Ajoutez à l'article de Zeuxis, Peintre Grec, qu'il devint si riche par le moyen de son Art, qu'il osa bien, en allant aux jeux & tournois olympiques, porter un manteau avec son nom & broderie en or : il peignit aussi Marsyas, lié à un arbre.

Nous bornerons ici nos additions & suppléments, aux recherches de *M. l'Abbé de Fontenai*, sur les Peintres & Sculpteurs anciens : leur grand nombre prouve que rien n'est plus difficile à exécuter, qu'une bonne & exacte Biographie. Si l'Auteur du *Dictionnaire des Artistes*, malgré tous les talents & la grande érudition qu'on lui connoît, a encore omis nombre d'illustres Artistes, comme nous croyons l'avoir prouvé par nos remarques ; que penser, & quel jugement porter de ceux qui, sans avoir les mêmes talents, que *M. l'Abbé de Fontenai*, ne craignent pas de courir une carrière, dont le but semble s'éloigner de plus en plus, à mesure qu'on croit être prêt d'y atteindre? C'est là une de ces vérités d'autant plus frappante, que l'expérience journalière prouve qu'il n'est rien qu'on ne fasse pour l'écarter, & si-non anéantir, au moins obscurcir les traits de lumiere qu'elle répand sur tous les objets qui appartiennent à la Littérature.

NOTES

Sur la premiere Partie du Supplément de la France Littéraire,

Par M. l'Abbé DE LA PORTE (1).

1°. **P**AGE 9. On lit que *M. Barbaut*, Profeffeur Royal des accouchements au College de Chirurgie, eft Editeur des Œuvres de *M. Francklin*. On ajoute même qu'il y a fait des additions nouvelles. C'eft une méprife : le véritable Editeur des Œuvres de *M. Francklin*, eft *M. Barbeu du Bourg*, fon ami, & dont on lit l'article à la page fuivante de *la France Littéraire*, mais fans lui faire honneur de cette Edition. Après avoir annoncé les Oúvrages d'Anatomie de *M. Barbaut*, il falloit ajouter qu'il a publié en 1775 un *Traité théorique & pratique des accouchements*, en deux volumes *in-*12.

---

(1) Quoique le nom de M. l'Abbé de la Porte ne foit pas à la tête de ce Supplément, il eft cependant certain qu'il eft entiérement de lui, puifqu'on lit à fon article, page 118 de la première Partie, qu'il a eu part à toutes les éditions de *la France Littéraire*, depuis fon origine ; mais qu'il s'eft chargé feul de la rédaction de ce Supplément.

2°. *Page* 11. Je crois avoir prouvé très-clairement dans mon *Errata pour l'état de Médecine, Chirurgie, &c.* année 1776, que M. *de Bauve* n'étoit nullement, & même ne pouvoit être l'Auteur d'une réponse qui avoit parue sous son nom, à un écrit, non pas anonyme comme il l'avance, mais avoué & signé. Cependant elle réparoît ici, sous le même nom, pour la troisieme fois: car M. *Carrere* en avoit déjà fait un article fort étendu *dans sa Bibliotheque Littéraire de Médecine*, Tom. I, page 378. M. *de Bauve* a sans doute eu raison de ne pas avoir voulu encourir le reproche fait aux Auteurs qui, pour ne s'être pas rendu aux invitations publiques d'envoyer chacun leur article, ou n'ont pas trouvé place dans *la France Litteraire*, ou y ont été mis au nombre des morts, quoique pleins de vie, comme on le verra plus bas.

3°. *Page* 34. On eût pu ajouter que M. *Caron*, Auteur du *Compendium Institutionum Philosophiæ*, est Membre du College de Chirurgie de Paris.

4°. *Page* 35. On lit *Castelier*, Médecin de Montargis : c'est le même dont il est encore parlé, *page* 88, sous son véritable nom *Gastelier*.

5°. *Page* 39. *Chanoy*, c'est aussi le même dont il est parlé, *page* 65, sous son véritable nom *Duchanoy*.

6°. *Page* 55. L'article de M. *David* est toutà-fait tronqué; il eût fallu ajouter qu'il est Auteur de plusieurs autres Ouvrages, & entr'autres d'une *Dissertation* publiée en 1771 , sur la figure de la terre ; il eût fallu ajouter qu'il a inventé plusieurs machines de Méchanique très-ingénieuses, annoncées dans différents Journaux, avec les éloges qu'elles méritent.

7°. *Page* 131. Il est surprenant qu'en annonçant le Supplément au *Traité posthume* de M. Petit, publié par *M. Lesne* , ne fasse aucune mention du Traité même, en trois volumes *in-8°.* de l'Edition & de la publication duquel le Public est également redevable à *M. Lesne.*

8°. *Page* 135. Que de choses intéressantes auroient pu être ajoutées à l'article de *M. Louis*, depuis la derniere Edition de *la France Litté-raire !*

9°. *Page* 168. Comme presque tous les Journaux annoncent les sujets des Prix fondés par les Académies, & ne manquent pas de faire mention de ceux qui les ont remportés, il étoit aisé, en rédigeant l'article de *M. Peyrilhe*, Professeur Royal de Chymie, d'apprendre aux Lecteurs qu'il a composé une Dissertation latine sur le cancer, laquelle a remportée le Prix proposé par l'Académie de Lyon, & a été traduite en François par un Médecin. Nous ajouterons, ce qui est déjà imprimé dans deux endroits différents, savoir, que le même *M. Peyrilhe* travaille à la suite de l'*Histoire de la Chirurgie* , commencée par feu *M. Dujardin* , dont il eût au moins dû être fait mention dans la liste des Auteurs morts depuis 1769.

10°. *Page* 212. M. *Sue* , connu des Savants pour un très-habile Anatomiste , est marqué dans *la France Littéraire* de l'étoile qui défigne les Auteurs morts ; on ajoute même qu'il eft mort depuis 1771. J'ignore fi *M. Sue* a l'honneur d'être connu de *M. l'Abbé de la Porte* ; mais je m'imagine que la réputation du premier dans l'Anatomie & la Chirurgie, égalant au moins celle de l'autre dans les Lettres, il eft extraordinaire que celui-ci annonce ainfi, comme mort depuis plufieurs années, un Chirurgien très-connu, & qui tous les ans profeffe publiquement pendant trois mois de fuite l'Anatomie aux écoles. Des erreurs auffi groffieres (le terme n'eft pas trop fort) n'auroient jamais lieu, fi les Gens de Lettres, chargés de rédiger des Ouvrages de Bibliographie, telle que *la France Littéraire* & autres, prenoient la peine de confulter pour les Auteurs de Médecine & de Chirurgie, des Médecins & des Chirurgiens qui, lettrés comme eux, feroient en état de fournir leur contingent à la maffe commune des connoiffances. Le nombre des uns & des autres eft actuellement affez grand pour que la difficulté d'en trouver ne puiffe être alléguée pour excufe.

11°. Comme l'éloge de *Devaux*, quand même il feroit de mon oncle, n'ajouteroit rien à fa réputation, je me crois en droit de le revendiquer, quoique je n'y attache d'autre honneur que celui de l'avoir entrepris pour la gloire de la Chirurgie. Il s'en faut bien, par la même raifon, que je fache mauvais gré à *M. l'Abbé de la Porte* de ce qu'il ne parle que d'une partie des Ouvrages que j'ai faits ; je voudrois feulement qu'il n'eût pas omis celui dont le Public

à paru faire le plus de cas, & dont mes Con-
freres m'ont paru le plus content, je veux dire
le Dictionnaire de Chirurgie; une nouvelle édi-
tion, prête depuis plus de six mois, & revêtue
du sceau de l'approbation de l'Académie
Royale de Chirurgie, auroit déjà été rendue
publique, sans des raisons particulieres, auxquelles j'ai bien voulu avoir égard, & qui vont
enfin cesser.

www.ingramcontent.com/pod-product-compliance
Lightning Source LLC
Chambersburg PA
CBHW070952280326
41934CB00009B/2061